초록배추애벌레

초록배추애벌레

정군수 시집

인간과문학사

自序

시

새벽
데엥뎅 데엥뎅 둔한 여음을 끌고
내 침실에 오기까지
남고사의 쇠북 소리는 몇 번이나 물을 건넜을까

아침
딸랑딸랑 딸랑딸랑 귀밝이 울음으로
우리 집 부엌에 오기까지
두부장수의 종소리는 몇 번이나 골목을 돌았을까

쓰다 만 시는
쇠북 소리도 듣고 두부장수 종소리도 듣다가
땅바닥으로 떨어져
돌밭길을 돌아 또 나를 찾아온다

날이 밝으면
나는 종 치는 두부장수가 되어
간수도 덜 빠진 시 한 모 수레에 싣고
사람의 마을로 찾아간다

— 2016년 8월 모악이 보이는 방에서

■ 차례

1.
순수에 도전하다

돌다리 • 14
복수초 뿌리와 발레리나의 발 • 15
칡꽃 • 16
인연설 • 18
찔레꽃 • 19
수목장 • 20
소서小暑 • 21
붉나무 • 22
새 달력을 거는 것은 • 23
전어 • 24
순수에 도전하다 • 25
비움 • 26
동지 • 27
오롯이 보려거든 • 28
부러워 부끄럽다 • 29

2.
초록배추애벌레

억새꽃이 억새꽃을 보고 • 32
섬진강 잔수 • 33
그 겨울밤 • 34
안개 • 35
문인화 • 36
겨울꽃 • 37
칠석 • 38
설날 • 40
상고대 • 41
지평선 고래 • 42
아기인형 • 44
간 맞추기 • 45
초록바위 • 46
초록배추애벌레 • 48
양파밭 • 50

3.
어둠이 흰빛으로 솟아

동진강 • 52
방탄국회 • 54
도시개발지역 • 56
안개 2 • 57
건폭乾瀑 • 58
옥수수밭 • 59
참깨를 털며 • 60
강물에게 길을 묻는다 • 62
폭죽 • 63
편백나무 숲 • 64
무엇이 되어 기다리리 • 65
처음 담근 김치의 노래 • 66
나를 찾아온 시 • 68
어둠이 흰빛으로 솟아 • 69
눈 발자국 • 70
첫눈 오시는 날 • 71

4.
징검다리에서 쉬는 노인

소리 • 74
비상飛翔 • 75
는개 • 76
작은 빛 • 77
입춘 • 78
봄동 • 79
우수 • 80
석이버섯 • 81
절대 고독 • 82
지문 • 83
징검다리에서 쉬는 노인 • 84
기우杞憂 • 86
신털미산 • 88
마늘밭 • 90
빨간 추억 • 91
넝쿨장미 지다 • 92

5.
거미에 관한 명상

미안하다 • 94
하지 • 95
동강할미꽃 • 96
백합 곁에서 • 97
헛꽃 • 98
섬진강 • 99
자귀꽃 • 100
콩농사 • 102
변산마실길 • 103
거미에 관한 명상 • 104
갈매기의 꿈 • 106
나비 날개 • 108
물아일체 • 110
갯벌 • 112
귀근歸根 • 113
성숙 • 114

6.
나는 어떤 화분으로 살았을까

여산재 가는 길 • 116
백년 치의 첫눈 • 117
겨울 노래 • 118
분수 • 119
다시 태어난다는 것 • 120
나는 어떤 화분으로 살았을까 • 122
제집 도로 찾기 • 123
에밀레 감자꽃 • 124
몽돌 • 125
봄날 낙화에 머물다 • 126
곡우穀雨 • 127
꽃말 만들기 • 128
오월의 넝쿨장미 • 129
작은 나무 • 130
종이학 • 132

부록 | 자작시 해설 • 134

1부

⋮

순수에 도전하다

돌다리

사람도 건너고 소도 건너서
반질반질 닳아빠진 세월이
눈 하나 깜짝하지 않고 그대로 누워있다

거창한 사대부 가문의 돌비가
내려다보이는 개울목에서
뉘 발자국 돌무늬로 새기려고
오늘도 엎디어 기다리는가

너도 일어서면 돌비가 되련만
그런 일 가당찮아 시늉 한 번도 못해 보고
아래로 흐르는 물소리가 좋아
입 다물고 귀 열고 산다

너를 두드려보고 싶은 것은
세상사 조심할 일이 많아서가 아니라
무슨 말들이
네 안에서 살고 있는가 알고 싶어서이다

복수초 뿌리와 발레리나의 발

눈 속에서 꽃을 피우느라
복수초 뿌리는 얼마나 삐뚤어졌을까
무대 위에서 날개 펴느라
발레리나의 발은 얼마나 옹이가 박혔을까
삐뚤어지고 옹이가 박힌 발은 보이지 않는다
꽃을 피우고 춤을 만들어내는 일을
오늘도 하고 있는
내 사랑하는 사람들
그들의 삐뚤어지고 옹이 박힌 발도
보이지 않는다

칡꽃

밧줄에 몸을 매달고
오십 층 고층빌딩을 닦는 사내여
그대는
무인도 절벽에서 꽃을 피우는
칡넝쿨을 아는가

손 내밀어 줄 누구도 없다는 것을
제 몸의 힘줄이
힘줄을 타고 기어오르는 칡넝쿨의 고독을
그대는 아는가

유리창에 비치는 제 얼굴을
닦고 닦으면
칡넝쿨은 절벽이 무섭지 않아
더욱 선명한 바닷빛 꽃을 피운다

밧줄이 흔들릴 때마다
제 힘줄을 붙들고

사랑하는 가족의 바다를 위하여
무인도 절벽에서 꽃을 피우는 사내여

인연설

모악에서 흘러내린 물은
금산사 경내로 들어와
예불소리 목어소리 다 듣고
금평저수지에서 묵언수행하고
원평천을 두루 지나
동진강 따라 서해로 들어간다
그가 지나간 자리에는
부처님 말씀이 조금씩 떨어져 있어
탁발승이 하루 종일 걸어도
힘들지 않다

찔레꽃

너한테 가지 못하고
향기만 보듬고 돌아온다
가시내야 가시내
무엇하러 가시를 달아놓고
예쁘지도 않은 꽃 피워놓고
나를 부르는가
네 곁을 맴돌다
꽃뱀처럼 취해 잠을 잔다
찔레꽃 대낮
얼룩얼룩 꽃물들이고
향기만 보다가
봄 언덕을 넘는다

수목장

나를 받아주어서 고맙습니다
당신의 뿌리를 베고 누워
구천의 물소리 들으려 했는데
핏속으로 끌어들여
당신과 한 몸이 되었습니다
가지 끝에 피는 순한 눈과
겨울을 나는 억센 근육을 보고
눈물이 헛것인 줄 알았습니다
둥지 없는 새들이 당신을 찾을 때
이승의 모르는 것을 배워갑니다
나이테가 내 뼈인 줄 알아도
슬프지 않지만
사랑한다는 말 하지 못하고 온
이승 사람이 있어 슬픕니다

소서 小暑

들은
하루도 그냥 있지 않는다

풋것이었다가
풋기운였다가
풋가지였다가
푸나무였다가
풋내기 풋사랑이었다가

푸나무서리 드러누워
녹음으로 간다

제풀에 지쳐

붉나무

나무라고 성깔이 없을까 보냐
시도 때도 없이 성깔을 부린다
저 성깔 눈부시다
날 때부터 가을까지 부린 성깔이
활활 타는 산언덕에서
너무 붉어
한꺼번에 울음이 되었다

붉나무 붉다

새 달력을 거는 것은

새 달력을 거는 것은
묵은 씨간장에
새 간장을 우려 넣는 일이다

사랑하는 사람과
손을 잡고
빛의 동굴로 들어가는 일이다

겨울 낙타를 타고
아라비아숫자가 적힌 판도라를 찾아
모르는 세상으로 떠나는 일이다

닳아가는 살에
새살을 돋아나게 하는 일이다

전어

여인의 가슴을 떠난 은장도가
바다를 떠돌다 식탁에 올랐다

동강난 몸에서
가을바다가 반짝 빛난다

은장도 한 날을 집어
입에 넣으면
출렁이는 가을바다

며느리는 돌아오지 않고
소주 맛이
바다에서 나를 데려왔다

순수에 도전하다

텔레비전에 나오는 그런 무당 말고
깃발 장대 꽂고 신령 모신 그런 무당 말고
당목으로 소복하고
저 혼자 주절거리다 온몸으로 접신하는

지금은 늙어빠져
마을 어귀에 움막 짓고
마을 사람들이 적선하는 밥 먹고
그러다 정월대보름 느닷없이 찾아와
달님에게 빌었으니 나물밥 달라는

당골네

이런 무당을 갖고 싶다

비움

까치밥으로 남겨둔 감 두 개가
제 무게를 이기지 못하고 떨어지자
점 두 개를 지워버린
겨울 풍경화가 훨씬 가벼워졌다
무게를 지닌 것은
추락한다는 것을 알게 하는 밤
별똥 하나가 떨어진다
겨울밤 하늘이 훨씬 성글어졌다

동지

동치미가 익을 무렵
겨울밤이 어머니 치마끈만큼 길어졌다
심심한 별들이 내려와
초롱불처럼 봄 이야기를 들려주어도
꽁꽁 언 들녘은 끄떡없다
어머니가 군불 지피는 하늘로
은하는 흐르고
청국장 뜨는 아랫목에 발을 묻고
코 고는 아버지 곁에서
봄동 같은 누이가 잠을 잔다

오롯이 보려거든

산이 좋아
마음에 산을 담고 살다가
먼 여행 가면서
마음 밖에 산을 두고 갔다 오니
산이 오롯이 보이기 시작했다
아무리 좋은 사랑도
이제는
마음 밖에 두고 보기로 했다

부러워 부끄럽다

이제는 부끄러울 때도 지났건만
푸릇푸릇 붉게 검게 물든 오디가
늙은 뽕나무의 푸른 잎에 얼굴을 가리고 있다

무엇이 부끄러울까
무겁냐 가볍냐
가볍냐 무겁냐
모내기가 끝난 무논에서 개구리들이

나이가 들었어도
부러워 부끄럽다

2부

⋮

초록배추애벌레

억새꽃이 억새꽃을 보고

벙어리 할머니의 치마꼬리를 잡고
눈먼 할아버지가 하루에 세 번
식당으로 간다

한 팔이 없는 할아버지가
발이 뭉그러진 할머니의 휠체어를 밀고
화장실에 간다

요양원 복도에서 그들이 만났을 때
억새꽃이 억새꽃을 보고
몸을 흔든다

섬진강 잔수[*]

먼 길을 돌아
울음 감추고 온 물이
저리 잔잔할 줄이야

섬진강 잔수에 와서
섬진강도 저리 잔잔한 줄 알았을 때
나는 고희를 가고 있었다

잔수에 내 몸 어찌 비추어 보련만
하동을 지나
남해로 갈 때까지
나는 물길만 따라가련다

[*]섬진강 잔수: 섬진강 물길 중 가장 잔잔한 곳.
  구례구역 지나 오산 아래 있음.

그 겨울밤

한 보자기의 눈물을 싸서 뿌리면
열 보자기의 별들이 떨어지던
소년의 언덕에도
오늘밤 싸락눈이 내리겠지

첫사랑이 가끔 불러주는
허리 굽은 소나무가 서 있는
고향의 언덕에서
겨울 기침을 하며 나는 서 있다

깨진 항아리를 얽어놓은 듯
군데군데 이어진 꿈 조각들이
아직 남은 나를 조용히 흔드는 밤
싸락눈이 별들을 한마당이나 데려왔다

안개

너는 실체 없는 소문만
무성하게 퍼트리고 다닌다
잡으려면 없고
돌아서면 다시 나타난다
네 안을 헤집고 들어가면
서툰 비밀들이
은밀하게 피어오른다
첫사랑이 떠나간 아침
너는 다른 세상으로 가려고
의문만 남기고 옷을 벗는다

문인화

밤새 눈이 내리자
소나무 가지에 잔뜩 눈이 쌓여
우지끈, 쩍, 쩌억
어깨 무너지는 소리가 산을 울린다

어쩌랴
한쪽 어깨를 잃어버린 소나무들
못쓰게 되었구나

다음날
눈 덮인 산이 어깨 없는 소나무를 에워싸고
비경을 만들어주었다

소슬한 비탈에 여백으로 그린 문인화가
겨울 기침을 하며 걸려있다

겨울꽃

나비가 오지 않아도
비닐하우스 겨울꽃들은
꽃망울을 다 피워낸다
함박눈이 나비처럼
비닐하우스로 날아오던 날
꽃들은 마지막 잔치를 벌였다
안으로 들어가지 못한 함박눈은
나비의 하얀 시체가 되어
비닐하우스 지붕에 쌓였다
함박눈이 나비인 줄 모르는 꽃들은
겨울꽃으로 태어나서
겨울 시장으로 팔려나갔다

칠석

할아버지는 소 키워 녀름짓다 돌아가시어
견우성이 되었고
할머니는 베틀에서 삼베 날다 돌아가시어
직녀성이 되었고

눈물 많던 나는 칠석날 비 내리면
별은 어찌 보느냐며 울었다

할아버지 꼴 한 바지게 지고
할머니 삼베 한 옷감 이고 만나는 밤

콩꽃 수줍게 피어 다리 잇는다

훗날 아주 먼 훗날
저 별을 할아버지별이라고
할머니별이라고 일러주는 이 없어도

일 년에 한 번

콩꽃 핀 강언덕 건너서 만나는
우리 할아버지와 할머니

*녀름짓다: '농사짓다'의 옛말.
*날다: 베를 짜다.

설날

설날 아침상은 밝아라
문살 비친 창호지도 훤해라

서설이 내리지 않아도
은총으로 마주앉은 날

아기 배냇저고리처럼
마음은 정갈해라

온후한 그대 말씀을 듣고
어린것들은 눈을 뜬다

부족한 듯 남은 듯
세뱃돈 주머니는 떡살 같아라

세상 길 열 걸음도 못 가서
다시 태어나는 우리 아이들이여

상고대

슬픈 여자가 동장군에 끌려와
하룻밤에 향기 없는 꽃을 피워냈다

해 뜨자 저리 쉽게 스러지는 꽃
꽃 진 자리 눈물이 맺혀있다

하룻밤 꽃을 피우려고
슬픈 여자의 머리에도 눈꽃이 피었다
순수한 얼음 꽃

시든 꽃잎 보이지 않으려고
날개옷 거두어 하늘로 갔다
동장군에 업혀온 세상에서 가장 슬픈 여자
겨울산이 있어야 사는 여자

지평선 고래

모내기철이 되면
지평선 들녘에는
장생포 고래들이 몰려와 새끼를 낳는다

징게맹경 농부들은
벼 포기마다 고래의 꿈을 심어놓고
하루에도 열두 번 논두렁에 나와
포경선이 지평선을 넘볼세라
무넘기를 만들어 강강술래를 돈다

상쇠머리 흔들며
푸른 고래등을 밟고
지평선을 한 바퀴 돌고 나면
벼는 다 자라 황금바다가 된다

지평선 들녘이 하얀 눈바다가 되어도
장생포 고래는 동해로 가지 않는다

고래들이 벼 수매가를 걱정하는 밤
농부들은 장생포 바다를 꿈꾼다

아기인형

빨갛고 작은 승용차 한 대가
도로변 공터에 버려져
주인을 기다리고 있다
풀들은 무성하게 자라 텃세를 하고
궁금한 개망초꽃이 차창까지 올라와
안을 기웃거린다
목이 마려운 아기인형 하나가
개망초 눈망울을 본다
도로의 차들이 씽씽 달릴 때마다
개망초는 몸을 흔들며
바깥 이야기를 전해주어도
아기인형의 손톱 끝에 핀
핏빛 멍울꽃이 시들어간다

간 맞추기

마음에
소금밭 하나 만들고 싶어 바다에 갔더니
바다는 나를 밀어냈다
네가 한 일이 무엇이 있다고
마음밭 얼마나 일구었다고
썩지 말라고 소금밭을 만드냐고

집에 왔을 때
가난한 부뚜막에
할머니와 어머니가 쓰던
금 간
소금단지 하나가 놓여있었다

나는 짜지 않게
엄지와 검지로 소금을 집어
내 몸에 골고루 뿌렸다

초록바위[*]

순교의 핏빛이 초록이었다는 것을
그대의 하늘이 사형터였다는 것을
떨어져나간 목줄기에서 뿜어져 나온 핏줄기가
곤지산 바위를 적셔
초록바위가 되기까지

그대도 베드로처럼 하느님을 부정했습니까

그대 몸에 흐르는 피도 붉었나니
그대 사랑하는 사람도 있었나니

초록바위여, 순교자여

목 떨어지고 웅크린 몸이 바위가 되기까지
그대는 하늘을 몇 번이나 껴안았습니까

전동성당 십자가가 보이는
전주부성 사형터

전주천 피 씻어간 그날부터
그대 사랑하는 사람도 초록바위가 되었습니다

*초록바위: 전주부성 사형터를 이름.
　　이곳에서 많은 분들이 순교하였음.

초록배추애벌레

새벽이면
이슬 내린 속잎만 먹여 키웠다
푸르딩딩 말랑말랑한 고 귀여운 것이
야금야금 갉아 먹어 구멍 난 줄 모르고
초록만 먹고 자란
초록배추애벌레가 장하여
제 새끼인 줄 알아 포기에 감싸고 살았다
다 자란 애벌레가 초록을 벗고
흰나비가 되어 하늘을 날아갈 때
그때도 가물가물 초록나비인 줄 알았다
제 속살 먹여 키운 초록애벌레가
흰나비가 된 줄 모르는 그대여
초록날개 하늘하늘 춤추며 찾아오는
초록나비를 기다리는가
가을이 깊어가는 배추밭에서
가을해는 자꾸 짧아 가는데 그대여
눈 감고 보라
초록애벌레가 얼마나 귀여웠는가를

내 하늘이 저물어가는
또 다른 하늘에서
짝을 찾아 노니는 배추흰나비를

양파밭

양파를 거두어들일 때가 되면
양파밭은 별의 무덤이 된다
일체를 무너뜨린 황토밭
황산벌 계백장군의 부하처럼
모두가 쓰러져
별의 잔해가 된다
한 뿌리도 서 있지 않고 넘어진
주검의 자유
소리를 버린 고요의 밭에서
나는
한 뿌리의 함성을 캐내었다

3부

⋮

어둠이 흰빛으로 솟아

동진강

성내거나 소용돌이쳐 본 적 없는 강
하늘을 이고 벼농사를 짓던 할아버지처럼
자지러들지 않고 넘치지 않고
순종하며 흐르다가 해 지면 서해에 이르는 강
벼포기 아래로 길을 내다가
어깨 쑤시는 농부와 마주치면
자라새끼 몇 마리 던져놓고 응석부리는 강
가뭄이 들면 강바닥을 뒤져 물고기를 몰고
농부의 마당으로 들어서는 강
고부 배들평야 곡창을 다 채워도
번쩍거리지 않다가
하늘이 노하면 썩은 나무들을 쓸어다
먼 바다에 버리는 강
갈 길 아닌 곳으로 물길 바꾸어놓으면
사람으로 일어서는 강
누가 동진강물을 몰아 북으로 가게 했는가
강물에 발 씻을 겨를도 없이
쇠스랑 메고 죽창 들고

쑥부쟁이 엉겅퀴길 맨발로 달려온 사람들아
백산산성 죽산산성 함성을 모은 사람들아
이들이 누구던가
동진강물로 벼농사 짓던
우리 할아버지와 할머니가 아니던가
황톳물로 흐르다가 진흙물로 흐르다가
사랑받는 강의 노래도 되지 못하고
전봉준의 마을을 지나
동학군들이 밟아보지 못한 땅
영문 모르고
새만금으로 가는 동진강아

방탄국회

이 창은 어떤 방패도 뚫을 수 있습니다
이 방패는 어떤 창으로도 뚫을 수 없습니다
야바위판 놀음에
호객하는 놈 보초 서는 놈
흥정이 끝나고
방탄복이 필요 없는 철면피가
방탄복 입은 놈들의 호위를 받으며
방탄건물을 빠져나가자
국회의사당은 빛나기 시작했다
같은 패거리들이 만세를 부른다
안중근도 방탄복을 입었다
광복군도 방탄복을 입었다
모델이 방탄복을 입고 나오자
가게마다 방탄복 세일을 한다
누가 알랴
누가 모르랴
썩은 고기를 탐내는 하이에나
끈끈이주걱 속에서 용해되는 곤충들

총 맞아 죽고 싶어도
방탄복이 있어 행복한 국회의사당
만세를 부른 자들은
방탄복 값을 주머니 몰래 셈한다
어둠을 짖는 개들은
윤동주보다 먼저 고향을 떠난다

도시개발지역

감기 콜록이듯 몇 달 동안 현수막이 펄럭이고
승냥이마냥 킁킁거리며 부동산 투기꾼들이 들랑거리고
로봇처럼 측량쟁이가 손짓하고 다니더니
이 마을에서 뿌리를 내리고 산 사람들이
뿌리 뽑아들고 하나 둘 떠나자
세월에 감추었던 인생살이가 몰골을 드러냈다
깨진 화장대, 널빤지 떨어진 장롱, 할머니 유모차, 구식 목도리
차마 버리기 아까운 아기꽃신이 깨진 항아리에 깔려있다
삐쩍 마른 길고양이가 길을 떠난다
그러나 어쩌랴 봄이거늘
살구꽃 앵두꽃 오얏꽃 골담초꽃……
빚잔치하고 떠난 자리에서 꽃잔치한다
옛사람 보이지 않아도
무너진 돌담 아래 상사화가 인정처럼 나풀댄다
봄볕이 무성하다 여기저기
왜 그들이 떠나간 때가 봄이어야 하는가
아직 밀어붙이지 않은 뒷산에서
수상하다는 듯 쑥국새가 하루 내내 운다

안개 2

저리 하찮은 것이 아무것도 아닌 것이
눈도 가리고 강물도 가리고
내가 받드는 산도 가리고
풀잎에 맺힌 이슬방울보다 못한 것이
반짝 해 한 번 뜨면
발자취도 없이 사라져버릴 것이
아침부터 저녁까지 내 숨을 가로막고
걷어내면 또 한 꺼풀
가슴에 푹푹 늪을 쌓는다
내 언제 너를 사랑한 적 있던가
버린 적 있던가
저 혼자 왔다 가면 그만이지
창가에 내려 앉아 하루 종일
나를 보고 있는
내가 보고 싶은 여인
반짝 해가 뜨면
옷을 다 벗어버리고 가는 여인
유리창에 몇 방울 눈물 남기는 여인

건폭 乾瀑

　마을 뒷산이 여인네가 가지랑이를 벌리고 있는 형국이라서 음기가 세다 하여 마을 사람들은 오랜 옛날부터 음기를 누르려고 바다가 보이는 길에 말 그것 닮은 남근석을 말만 하게 세워놓았으나 어찌 풍수를 감당하랴 남자는 단명하고 여자는 장수하기로 소문났다 그래도 다행인 것은 가지랑이 사이의 폭포가 건폭乾瀑이라 물이 떨어지지 않아 마을에 큰 재앙이 없노라고 과부 할머니들은 가지랑이를 가리킨다 노인정에나 나무그늘에나 삼삼오오 모여 앉아 올해도 건폭이라 물난리가 없었노라 지나는 사람들에게 손가락 끝을 보지 말고 가지랑이를 보라 하며 이 마을에 시집와서 장수한 것을 자랑한다 과부 할머니들은 자기들이 언제 건폭이 되었는지도 까맣게 잊어버리고 건폭 하나씩 지니고 살고 있다는 것도 모르고 자꾸 뒷산을 손가락질한다

옥수수밭

수염 난 자식을 업어 키우는 땅
찰싹 등에 붙어
에미를 빨아먹고 산다

그래도 무식한 바람이 쳐들어와
자식 해코지할세라
잎날 서걱서걱 울타리를 친다

에미 등골 빠지고
무릎 골다공증이 생기면
그때서야 수염 몽그라져 헐값에 팔려나가고
옥수수밭은 퍼석퍼석한 노인나라가 된다

수염 난 자식을 업어 키우는 땅
아직도 족보가 짱짱한 나라

참깨를 털며

거꾸로 잡고 털어야
참깨가 쏟아진다는 것을 아는 사람은
물구나무를 서서 하늘을 보면
별들이 더 많이 쏟아진다는 것을 아는 사람이다

거꾸로 이야기를 하면
더 많은 인생사를 풀어내는
세상을 살 만큼 산 사람이다

모지락스럽게 두드리면
허리가 부러지든지 모강댕이가 떨어지든지
참깨가 튀어나간다는 것을 알아
모닥불 피우듯
조심조심 타닥타닥 털어내는 사람은
살아갈수록 철이 덜 드는 아내의 손을 잡고
저녁 들길을 조용조용 걷는 사람이다

한 됫박 소복이 쌓여가는 참깨에 신이 나

열 됫박 깨소금을 볶는다
말복의 해가 마구 뒹굴다 황혼이 되는
아내의 들녘에서

강물에게 길을 묻는다

여울목에서 물소리를 들으면
강물이
얼마나 먼 곳을 돌아왔는가를 안다

늙은 바위를 돌아서
늙은 느티나무 뿌리를 적시고
늙은 사람들이 사는 마을을 지나
내가 서 있는 곳에 와서야 잔잔한 강물

버릴 것 버리고
버리고 싶지 않은 것도 버리고
스스로 맑아지는 강물

먼 곳을 돌아온 강물은 소리가 깊다

얼굴 비치는 여울목에서
나는 어떤 물길을 돌아서 여기까지 왔는가
강물에게 내 길을 묻는다

폭죽

너는 순간을 지배하는
향기 없는 금속성 꽃이다
몸통을 찢고 나오는 굉음이
핏빛이었다면
꽃은 살아있으리
지상의 꽃을 닮으려는 노력이
허무한 것인 줄 모르고
별들을 공격하지만
별들은 너의 존재를 모른다
터지고 부서질수록
찬란한 꽃을 피워도
네 몸에는 피의 향기가 없어
어둠으로 추락한다
눈이 부시면
더욱 쇳소리가 나는 꽃
하늘을 오르고 싶은 날
사람들은 너를 보고 환호하지만
순간을 머물지 못하고
그들의 머리 위로 추락한다

편백나무 숲

그대, 자유가 그립거든
정직한 숨소리가 들리는 곳으로 오라
누구에게도 기대지 않고
올곧은 의지 하나로 뿌리 내린 너
촘촘한 잎 사이로 내리는 하늘은
너를 벼리는 눈빛이다
바람이 흔들어야만
너의 숨소리는 맑아져 세상으로 온다
비탈에 있어도 저리 곧은 마음을 보라
돌밭에서 바다로 가는 향기를 보라
겹겹이 산들이 둘러 있어도
너는 하늘을 머리에 두고 살아
바다는 파돗소리를 이고 찾아온다
무질서한 인간숲에서 자란 나는
정직한 모습에 눈이 부시어
네 그늘을 덮고 잠을 잔다

무엇이 되어 기다리리

다른 나무들은 옷을 벗었는데
고속버스터미널 은행나무 한 그루
노랗게 등불 달고 기다리고 있다

그 옆을 지나자 우수수 진다
머리로 어깨로
온몸으로 매달린다

아, 나를 기다리고 있었구나

안쓰러워 손을 얹자
마지막 한 잎을 떨어뜨리고
말 없는 겨울나무가 되었다

처음 담근 김치의 노래
- 시인 손에 물든 고춧가루물을 생각하며

시인과 아내가 며칠을 궁리해서
처음으로 담근 김장김치가
섬진강 따라간다

어머니 손맛만은 못해도
감추어 놓은 아내의 사랑을 끄집어내어
맛없다고 걱정하는 눈빛을 담아
시인의 서툰 손으로
버무리고 버무려 빚은 김치

간을 봐도 모르겠고
먹어 봐도 알 수 없는 김치 두 통이
섬진강 따라 구례로 내려간다

빈 항아리 은하수 담는 장독대에서
늙으신 어머니 초사흘달 같은 웃음이 뜨자
비로소 맛을 내는 김치 두 통

장독대에 앉아 아내가 노래를 한다
푸른 하늘 은하수 하얀 쪽배에
어머니가 노래를 한다
저기저기 저 달 속에 계수나무 박혔으니

고춧가루 물든 시인의 박수 소리에
김치가 익어가는
지리산 마을

나를 찾아온 시

어제 우편배달로 받은
시집 두께만큼 눈이 내렸다
시인의 발자국이
눈길로 이어진 벌판을
나도 따라 걷다가
발이 시려운 밤
내 시에도 눈이 내렸다
첫 시집의 두께만큼
눈이 내린 밤
내 시도 눈발자국을 따라
나한테 왔다

어둠이 흰빛으로 솟아

지리산 하늘 아래 첫 동네 사람들은
한밤중 눈이 내리면
피아골 어둠이 얼마나 깊은지
어둠에서 흰빛이 솟는 것을 본다

그 먹빛이 너무도 진하여
우렁우렁 울려나오는 어둠이
흰빛을 만들어내는 것을 본다

지리산에 뼈를 묻기로 작정한 사람들은
뼈들의 무덤에 솟는 빛이
자기들 가슴에서 나오는 한인 줄 모르고
피아골 어둠으로 무덤을 덮는다

천왕봉에서 피고 지는 진달래 노래가
자기들의 노래인 줄 모르고
흑염소 숫자를 세가며
나이를 세지 않고 산다

눈 발자국

새벽 산길에
얼마나 쓸쓸한 사람이 눈 발자국 냈는가
발자국 밟으며 따라가도
그 사람 보이지 않는다
산새 한 마리 움쭉 않는 고요를
산만이 갖고 싶어 하는 침묵을
눈 발자국으로 무너뜨린 눈길
앞선 발자국만큼 깊어지는 고독을
산에 묻으며 간다
누구 또 이 눈 발자국을 밟으며 올 것인가
산의 침묵을 헤며 그도 올 것인가
뒤에 오는 사람 알지 못해도
눈 쌓인 산을 혼자 걷는 것은
마음에 눈 발자국 하나 내는 일이다
내 앞에도 있고
내 뒤에도 있는 눈 발자국
처음이 아니어도 처음이듯
마음에 산길 하나 내며 간다

첫눈 오시는 날

첫눈 오시는 날 만나자는 약속이
회색 하늘로 멀어지자
나는 폐교가 된 작은 학교로 간다
어린아이 하나
눈 발자국 찍어 꽃잎을 만든다
찍으면 녹고 찍으면 녹고
첫눈의 기억처럼 꽃잎은 사라진다

첫눈 오시는 날
운동장에서
세상에서 가장 고독했던
내 어린 소년을 만나고 온다

4부

︙

징검다리에서 쉬는 노인

소리

돌 속에서
돌벽을 두드리는 여인이 있다

한 사내가 정釘을 들고 소리를 깬다
내변산에 쌓인 눈이 후두둑 무너진다

정강이까지 빠지는 눈을 쓸고
정 끝이 무디어질 때까지 망치질을 한다

소리를 깨고 돌문 밖으로 나오는 여인이 있다

돌 속에서 나온 차디찬 여인을 보듬고
심장 소리를 넣어주는 김오성 조각가가 있다

비상 飛翔

영광 법성포 굴비덕장 조기는
하늘이 바다입니다
촘촘히 엮어놓은 햇살의 틈새로
바람을 거느리고
저승을 무리 짓는 새가 되어 날아갑니다
가벼이 살과 뼈를 비우고
하늘문으로 들어서기 위해
서서히 풍장이 되어
칠산바다로 나가는
늙은 사공의 노래를 듣고 있습니다
파도가 언덕을 뛰어넘는 것쯤이야
고깃배를 집어삼키는 것쯤이야
눈 아래로 굽어보며
도요새처럼 높이높이 날고 있습니다

는개

옛사람 몇이 떠나가고
앞 산 눈이 녹으면
너는 젖은 옷을 입고 불청객처럼
나를 찾아온다
사람이 보고 싶어도
기다리는 날에는 오지 않고
아파트 위로 회색 하늘이 떠돌고
기억이 희미할 때
어느 진흙구덩이를 헤매다
너는 느닷없이 찾아온다
먼저 간 옛사람 얼굴처럼
차디찬 음영에 떠돌다
이름 몇 자 억지로 던져놓고
젖은 치맛자락 끌며
느리게 돌아서 간다

작은 빛

등대는 새 길을 내지 않습니다
느린 배를 위하여
옛 길에 빛을 열어 놓습니다
어둠에 빠지지 말라고
소원을 빌던
성황당 돌무더기처럼
작은 빛을 쌓으며 살아갑니다
등대는 빛을 자랑하지 않습니다
작은 길을 만들어놓고
그 바다에서 스러질 뿐
항구로 들지 않습니다
파도가 넘쳐도 끄떡없는 바위에서
제 몸의 빛을 열며 살아갑니다

입춘

지하철 골목 좌판에
서툰 봄에 잡혀온 냉이가 시리다
고향 문설주에 머리 두르듯
찬 벽에 얼굴 묻고
노숙자들은 겨울잠에서 깨지 않았다
누가 입춘에 봄이 온다 하더냐
굉음을 지르며 달리는 전철이
어찌 노숙자의 봄을 알랴
발자국 어는 골목에서
추운 냉이 뿌리를 비다듬어 놓고
등 굽은 할머니가
노숙자의 봄을 팔고 있다

봄동

눈 쌓인 고샅길은 미끄러운데
유모차가 할머니를 끌고 가는지
할머니가 유모차를 밀고 가는지
서너 포기의 봄동이
그 안에서 너울너울 춤을 춘다
봄동은 살아났는데
할아버지는 돌아오시지 않는다
해 지난 달력을 뜯어놓고
봄동을 다듬는다
할아버지 약속이 적혀있는 달력 위에
봄동이 푸르다

우수

구천동은
겹겹이 설산에 갇혔는데
포롱포롱
가랑잎 같은 날개가
눈 녹은 양지밭에
삶을 짓는다
멧돼지도 고라니도
겨울 고요 속에 숨 막히는데
휘리릭 휘리릭
곤줄박이 식구들이
설산을 녹인다
비로소
얼음장 아래
구천동 물소리가 들린다

석이버섯

바위가
청산에서 바람소리를 듣고 사는 것은
약초꾼들이 다 따가지 못한 돌귀 몇 개가
붙어서이고

바위가
그 안에다 하늘의 별자리를 옮겨놓은 것은
남은 귀로 하늘의 소리를 들어서이고

바위가
귀를 씻지 않고 물소리를 듣는 것은
아직도 돌귀를 그리워하는 사람이 있어서이다

절대 고독

겨울까마귀가 까맣게 날아오자
눈 덮인 들녘은 고독해졌다

겨울까마귀가 전깃줄에 앉자
전선주는 고독해졌다

겨울까마귀가 깍깍거리자
시골집은 고독해졌다

겨울까마귀가 날아간 겨울나무는
모두 고독한 시가 되었다

지문

설산을 넘어와서 핀 꽃은
봄의 의미를 말하지 않는다
눈의 지문이 새겨져 있어서이다

꽃샘추위를 맞으며 핀 꽃은
향기를 말하지 않는다
바람의 지문이 새겨져 있어서이다

언 발로 눈길을 걸어본 사람은
꽃밭길을 말하지 않는다
얼음의 지문이 새겨져 있어서이다

징검다리에서 쉬는 노인

그대 물소리 들으시는가
징검돌 몇 개 건너면 강언덕인 것을
아직도 오지 못한 물소리
기다리는가

그대 사랑 남았는가
강물 따라 여기까지 왔건만
아직 만나지 못한 사람 있어
징검다리에서 기다리고 있는가

강 건너 꽃은 붉기도 해라
가깝기도 해라

그대
강물 따라온 구름을 보았는가
강 건너 꽃은 흐드러지게 피는데
오라고 오라고 손짓하는데

이만큼 사랑했으면 그만이지
누구를 기다리시는가

이제 사랑이 가깝다 말하지 않으리
멀다 하지 않으리
강언덕 꽃은 저리 붉어 손짓하는데

기우 杞憂

　중국 기杞나라에 하늘이 무너지고 땅이 꺼질까 봐 숨도 크게 못 쉬고 뛰어다니지도 못하는 겁 많고 소심한 자가 살고 있었으니 사람들은 그를 쓸데없는 걱정을 하는 겁쟁이라 얕잡아보고 기우杞憂라는 고사성어를 만들어냈습니다 허나 옛날 기나라가 아닌 우리나라에서 그런 일이 생겨났으니 얼마 전 머리통만 한 까만 돌덩이가 하늘에서 떨어져 비닐하우스가 찢어지고 땅이 한 자나 파이는 일이 생겼습니다 만약 그 돌이 지붕 위로 떨어져 머리통이라도 맞았더라면 그런 날벼락이 어디 있겠습니까 이게 하늘이 무너진 것이 아니고 무어겠습니까 서울 복판에 싱크홀이 생겨 버스에서 내리던 사람들이 땅속으로 처박히는 일이 생겼습니다 땅이 가라앉아 여기저기 멧돼지 잡는 굴 같은 허공이 생겼습니다 이게 땅이 꺼진 것이 아니고 무어겠습니까 집안에 있어도 걱정 밖에 나가도 걱정입니다 걱정 많은 나라에 또 하나의 걱정이 생겼으니 그것도 걱정입니다 이제 중국의 고사를 한국으로 가져와야겠습니다 숨도 제대로 못 쉬고 조심조심 걷던 기나라 사람의 겁 많은 현명함을 본받을 때가 되었습니다 그러나 오늘 같은 봄날 어찌 집에만 있으리오 꽃들이 저리 불러

대는데 집에 있어도 하늘에서 돌덩이 떨어지는 것은 마찬가
지니 꽃가루 알레르기에 눈이 퉁퉁 부어도 이 봄날 바람나서
밖으로 나갈 수밖에

신털미산*

벽골제를 지날 때면
신털미산에서 노랫소리가 들린다

벽골제 흙을 퍼 나르던 인부들의 노래
힘들면 주저앉아 짚세기 털며 부른 노래
고향의 노래 어머니의 노래

신털미산에는
어찌 짚세기에서 털어낸 흙뿐이랴
더러는 땀에 삭은 적삼도
짓무른 살점도 떨어져 묻혔으리

신털미산 노래를 들어보아라

벽골제 깊고 아득하여
백제인의 가슴에서 털어낸 흙이 쌓여
신털미산이 되었거늘

벽골제 사람들의 땀방울이 모여
지평선 물이 되었거늘

*신털미산: 김제 벽골제 옆에 있는 작은 산. 벽골제를 쌓을 때
인부들이 짚세기를 털어서 산이 되었다 함.

마늘밭

봄바람 부는데
청상靑孀의 치마가 독하게 푸르지 않으면
마늘밭이 아니지

봄바람 오는데
들썩이지 않으면 청상의 치마가 아니지

언 땅에서 키운 알뿌리가
청상의 알몸이 아니고서야 어찌 저리 매우랴

세상 사람들아
독함을 키우며 살아가는 여인을 보라

너는 늘 이별하는 여인
독하게 살아야 사는 여인

매운맛이 없는 마늘은 청상이 아니지
매워서가 아니라 눈물이 말라 눈물겨운
저 독하게 아름다운 마늘밭을 보라

빨간 추억

언제쯤 당신은
빨간 우체통에 편지를 넣었나요
편지 넣고
수줍게 돌아서던 소녀를 보았나요
소식밥 먹고사는 우체통
그리움 먹고사는 빨간 우체통
이제 밥 주는 이 없어
배고파 고물로 실려갑니다
우체부 기다리던 소녀가
그새 할머니 되어
빨간 우체통 빈자리에서
시내버스를 기다리고 있습니다

넝쿨장미 지다

저 호기심 많은 붉은 눈망울
안에 핀 꽃은
세상 밖으로 얼굴을 내밀고
밖에 핀 꽃은
안으로 고개를 기웃거린다
가시를 갖고 태어났어도
붉은 열꽃 속에 감추고 사는
너는 사춘기의 꽃
봄이 지쳐 돌아가는 길
하늘로 오르려는 열망이
다하지 못한 함성이
세상 안에서 밖에서
소리 없이 무너지고 있다

5부

⋮

거미에 관한 명상

미안하다

왜가리 한 마리가 아침부터
무논에서 개구리 사냥을 하더니
밤이 되자 개구리들이 울어쌓는다
조문을 하는가 보다
친구를 잃어버리고
나는 검은 하늘의 별만 보았는데
별들의 수보다 더 많이 운다
개구리들도 곡비가 있는가
한밤 울음소리 무논에 가득하다
나도 저렇게 울음 운 적 있던가
잃어버린 친구가 그리운 밤
울지 못하는 나는
개구리에게 미안하다
친구에게도 미안하고
총총한 별에게도 미안하다

하지

당신의 밭두렁 길이와 하늘 길이를 알아
가난하게 살아도 서럽지 않은 아버지여
하지의 해가 왜 긴지
당신의 무릎뼈와 어깨뼈는 알리라
아침 해가 뜰 때 아니 황혼이 질 때
마른 양식과 추진 빚을 지고
모가지 늘이고 집으로 가는 아버지여
하지의 해가 누런 줄 몰랐어도
옥수수밭이 푸르다는 건 알고 싶었으리
누가 당신을 천치라 하였던가
하지가 오면 감자를 캐야 한다는 것을
하늘처럼 믿고 사는 순한 농군이여

동강할미꽃

저건 할미가 아니다
아슬한 절벽에 목숨 걸고
동강꿈 먹고 사는 네가
어찌 할미꽃이냐
보송보송 아기털 난 네가
왜 할미꽃이냐
할미는 거저 되는 줄 아느냐
허리 굽고 흰머리 돋은
노을꽃 품어본 적 있느냐
무덤가에 고즈넉이
옛사람 기다린 적 있느냐
강바람에 얼굴 씻고
아우라지 물소리 듣고 사는 네가
어찌 염치 좋게 할미꽃이냐
동강에서 태어났으니 그냥
동강꽃이라 하렴
그것도 싫으면
그저 개할미꽃이라 하든지

백합 곁에서

눈 가린 술래가 되어
백합의 뜰에 들어서다
그녀가 부르는 소리를 따라
팔 벌리고 허둥대다
백합 곁에 쓰러지다
그녀는 문 잠그고
나는 백합 향기 먹고
붉은 코피 쏟는 못난 술래
그녀를 좇던 훤한 대낮
나는 지금
꽃향기 먹고 취해
그녀 곁에 잠든다

헛꽃

헛꽃이
훨훨 나비 불러 모으는
꽃자리

산수국 어여뻐라
참꽃의 씨방에
사랑 불러 모으고
고운 빛 스러져 가는
헛꽃이 더 어여뻐라

하루만이라도
헛꽃이 되고 싶은 유월

섬진강

물을 따라
사람들은 얼마나 길을 내며 갔으랴

물을 거슬러
꽃은 얼마나 길을 잃으며 갔으랴

하루도 길을 내지 않고 못 사는
섬진강이여

물길마다 만나는 샛강에서
너는 다시 사람으로 태어난다

자귀꽃

백차일 치듯 모여든 저수지
소복한 어린 무당이
살풀이 추며 넋을 건진다

묘지언덕 자귀꽃 붉은 날

멱감다 빠져죽은 아이
물귀신 되지 말라고
어미는 엎드려 비손하고

늙은 박수무당 징소리에
아비가 바라본 하늘은 술이 취해
자귀꽃 울음이 붉다

물으로 건져 올린 머리카락 하나
저승이 저리 가벼울 줄이야
휘감아 도는 어린 무당의 손이
가늘기도 하여라

여름 한낮이 이리도 고요해

징소리 건너간 하늘
어린 무당 옷소매가 너울거리면
자귀꽃이 문득문득 지고 있다

콩농사

한 구멍에 세 개씩
콩을 심으라는 할머니 말씀
한 개는 벌레가 먹고 한 개는 새가 먹고
한 개는 사람이 먹으라고
파릇한 콩밭을 매다보니
심은 대로 그리 잘도 났는가
닷 되 수확은 여실할 것 같아
기분이 좋아
한 되는 딸 주고 한 되는 아들 주고
한 되는 종자하고
두 되는 내가 먹어야지
풀을 뽑다 생각하니
벌레와 새를 넣지 않았구나
다시
벌레 한 되 새 한 되
아들 한 되 딸 한 되
종자 한 되
그리고 나는 종자 갖고
내년에 또 콩농사 지어야지

변산마실길

인정이 그리워 부안에 간다
노을빛 고와서 변산마실길 간다

걷고 걸어서 이어지는 길
내 삶의 가느다란 길

솔바람 바닷소리 아스라한
내 청춘 눈뜨게 한다

해당화 피는 포구마다
옛사랑 그리워

변산에 마실길 품으러 간다

거미에 관한 명상

어부가 망망한 바다로 돛을 달 때
거미는 줄 하나 바람에 날려
가없는 푸른 하늘에 닻을 내린다

어부보다
더 촘촘하게 그물코를 엮어서
바다보다 더 깊은 하늘에 드리우고
어부보다
더 침착하게 기다린다

어부가 바다를 건져 올릴 때
발끝 하나로
출렁이는 하늘을 끌어올리다
서서히 조금씩
어부보다 더 강한 눈빛으로 다가가
작살을 던진다

태풍 불어 어부가 바닷길을 잃어도

거미는 하늘길을 잃지 않는다

바다가 보이지 않는 날이면
어부는 그물을 깁지만
거미는 어부의 지붕에 안테나를 짓고
일기예보를 날린다

그리고 거꾸로 매달려
자기가 왜 어부보다 고독한지
사람들이 거미의 하늘보다
어부의 바다를 좋아하는지 명상한다

갈매기의 꿈

갈매기는 하늘 보고 날지 않는다
낮게 낮게 날아서
허연 똥이 묻은 갯바위에 앉아
나고 드는 고깃배를 바라보며
일용할 양식을 생각한다

갈매기는 수평선을 보고 날지 않는다
선착장 비늘 떨어진 고기를 탐하다가
그물 깁는 어부의 곁으로 가서
갸웃갸웃 어부의 꿈을 엿본다

갯벌 묻은 발가락으로
낡은 어촌의 지붕 위를 몇 바퀴 돌고
다시 갯벌로 내려앉아
끼룩끼룩 못난 노래를 한다

고래의 바닷길보다
그저 한끼의 양식이 좋아

볼품없는 짧은 다리로
우쭐우쭐 그 잘난 춤을 춘다

나비 날개

풀을 뽑다 너무 더워
밀짚모자 벗어 부채질하니
밀짚모자만 한 바람 콩밭으로 날아가
콩잎 나풀거리다
들깻잎에 옮겨가
들깻잎 풋내 팔랑거리다
다시 옥수숫대 타고 올라가
서걱서걱 푸른 바람 퍼낸다
내 밀짚모자만 한 바람이
들녘 벼 잎을 출렁이다
골짜기로 불려가
산바람이 되고 강바람이 되고
구름 하늘로 몰려가
천둥 번개 불러 세상 휘감고
소나기 거느리고
옥수수 튀기는 소리 콩볶는 소리
들깨 터는 소리
이 비 그치자 가을이 오는 소리

연둣빛만 한 나비 한 마리
나비 날개만 한 바람 달고
산 너머 메밀밭으로 간다

물아일체

절집 벽에다
하루 종일 탱화를 그려도
물 한 종지 떡 한 보시기
공양하는 사람 없어
화가 난 노스님
물감통을 내동댕이치자
물감이 튄 곳마다
울긋불긋
단풍이 들기 시작했다
이를 본 동자스님
탱화가 뭔지도 모르고
물감통 주워다
여기저기 바르자
부처님도 허우적거리는
단풍 바다가 되었다
에라 모르겠다
염불이고 무엇이고
단풍하고나 놀자

부처님도 노스님 동자스님도
단풍 물든 단청이 되었다

갯벌

썰물 시간이 오면
포구 여인숙
낡은 액자에서 여인이 나와
옷을 벗는다
느리게 벗는 것 같아도
어느새 다 벗고 누워있다
나도 누워있다
여인의 선이 눈부시다
바다가 옷 입는 시간
여인은 옷을 입고
액자 속으로 들어간다
출렁이는 바다를 덮고
여인은 잠을 잔다
나도 잠을 잔다

귀근歸根

은행잎이 땅에 누워
뛰어내려라 뛰어내려라 한다
잎 진 가지에
오종종하니 매달려있는 은행들
떨고 있다가
비오리새끼 절벽에서 뛰어내리듯
한 알 뚝 떨어지자
둘 다섯 열 스물 서른 쉰……
뛰어내려 땅에서 다시 만났다
동강 비오리새끼들은
어미 냄새 따라 물살로 가지만
그들은 흙냄새 맡고 뿌리로 간다
잎 진 은행나무 한 그루
들길에서 외롭지 않다

성숙

국화분 하나 들여놓으니
가을이 따라 들어왔다
덩달아 풀벌레 소리도 들어오고
달빛도 들어왔다
초롱불이 있어도 끄고 싶은 밤
누구 없어도 쓸쓸하지 않다
별똥별이 떨어지는 것을 보고
할아버지가 심어놓은 감나무에서
툭, 감 하나 떨어진다

6부

⋮

나는 어떤 화분으로 살았을까

여산재 가는 길*

여름 하늘이 여릿여릿 내게로 온다 여산재 가는 길

산꿩이 새끼 치는 산기슭 먼 산이 손짓하고

재재거리는 산새 소리 재 넘으면 닿으리

가리마 고운 이마 가랑잎조개 같은 사람 기다릴까

는개 내려도 좋은 길 벗님 어깨 적셔주는 길

길목버선 같은 사연 안고 간다 여산재 가는 길

*여산재 가는 길 : 국중하 수필가님 수필집 제목.
　　　　　　　　출판기념식장에서 낭송한 6행시임.

백년 치의 첫눈

백년 치의 첫눈이
한꺼번에 내려
내 첫사랑은
눈 속에 묻혀버렸다
낮부터 밤까지 쌓이고 쌓여
내 첫사랑은
눈 속에서 길을 잃었다
오듯 마듯 희끗희끗
눈썹에 내렸다가
눈물이 되는 눈이
첫사랑이지
백년 치의 폭설로 내려
내 첫사랑은
눈 속에서
얼음 꽃이 되었다

겨울 노래

사람들이 떠나버린
겨울 광장에서
거리의 악사가 노래를 한다
가난한 그의 모자에는
동전 몇 닢

악사가 부른 노래는 바람 따라
빈 가지를 흔들고
하늘로 올라가 눈이 되었다

크리스마스가 저만치 오는 날
구세군 종소리를 듣고
자선냄비 위로 눈이 내린다
가난한 축복 위에 내린다

천사의 발자국 같은
다시 찾아온 악사의 노래가
빈 광장에 자꾸 쌓인다

분수

암자 두어 채 가슴에 안고
안개 서너 필 허리에 두르고
새소리 물소리 귀에 걸고 사는
산이 부러워
불끈 힘을 주어 옮기려 해도
움쩍도 하지 않는다
내 어찌 그런 산을 품을 수 있으랴
부러워하다 보면
나뭇잎새 흔드는 산바람 하나
문 틈새로 날 찾아올지니
내 분수를 알아
오늘도 산을 우러르며 산다

다시 태어난다는 것

벌레 먹은 이를 찌리릭 찌리릭 갉아낼 때
처음으로
내 뼈가 몸 밖으로 나와 있다는 것을 알았다

이가 뼈라는 것을 안 순간
살 속에 숨어있는 뼈들도
갉아대는 고통을 나누겠다는 듯 덩달아
움찔움찔 힘줄을 잡아당긴다

내 몸에서 떨어져 나간 뼛가루가
내 몸으로 들어올까 봐
눈을 질끈 감고 고요히 죽어가는
화장터 불 속에서 타는 내 뼈를 보았다

타거라 타거라
고통이 편하다는 것을 알았을 때
내 뼈는 분쇄되어
천천히 세상 밖으로 가고 있었다

아니다 아니다 퍼뜩 생각이 멈춰진 순간
양칫물하세요
의사는 나를 일으켜 세웠다

치과 문을 나서며
깎아도 울지 않는 금속성 뼈가
내 몸에 돋아났다는 것을 알았다
충치 하나가
사기그릇처럼 불속에서 나를 달궈냈다

나는 어떤 화분으로 살았을까

이승의 빛을 우러러 받들고 살다가
그 삶이 죽으면
저절로 생명이 사라지는 질그릇
꽃가게 앞을 가다가
버려진 화분 하나를 주워들고 와
멍들고 금 간 틈에서
삶의 희로애락을 벗겨낸다
또 태어나는 하나의 생명
전생의 나는
어떤 꽃을 받들고 살았을까
내 안에 피워낸 꽃들이 몹시 그리워
버려진 질그릇 하나 들고 와
꽃을 심는다

제집 도로 찾기

갈매기만 사는 작은 섬에서
돌멩이 하나 주워다 책장에 놓고
바닷소리 들으려 했더니
가슴 닫고 벙어리가 되었다
흰눈 푹푹 내려 바다 그리운 날
행주로 씻어 배낭에 넣고
뱃길 세 시간 그 섬에 찾아가
그 자리에 다시 놓고 집에 오니
방 안에 바닷소리 가득하여라
갈매기 날고 있어라

에밀레 감자꽃

막 핀 감자꽃을 어머니가 따낸다
어머니를 바라보는 어린 감자꽃이
밭고랑에서 죽어간다
감자 밑 잘 들라고
감자꽃 따낸 밭두렁에서
에밀레 에밀레
감자꽃 종소리가 하늘로 날아간다
땅속에서도 에밀레 에밀레
감자꽃 눈물 먹고
감자알이 굵어간다
허기진 늦은 봄 하늘
에밀레울음 한 바가지 캐 들고
집으로 오는 어머니
발자국에서 종소리가 난다

몽돌

얼마나 할말을 참고 살았으면
입이 모두 몽그라져
몽돌이 되었을까

네 몸에서 파도가 빠져나갈 때면
차르르르 차 쏴아 쏴
자음과 모음으로 발음되지 못하는 소리

너는 바다가 생겨날 때 지어낸
그 소리밖에 모른다

내가 죽으면
가슴을 열어보라던 우리 어머니처럼
할말이 보일까 봐
몽돌은 깨어지지 않는다

먼 바다로 나가지 못한 몽돌이
그 자리에서
어머니의 소리만 지어낸다

봄날 낙화에 머물다

 알바로 수도 검침하러 다니는 여류시인이 봄날 산 아래 마을 빈집에 들러 땅에 묻은 검침 상자를 열자 화사 한 마리가 혀를 날름거리며 고개 들고 나오거늘 까무러치듯 놀라 대문 밖으로 뛰쳐나와 사방을 둘러보아도 봄날의 고요만 쌓였거늘 할 수없이 골목을 돌아 나오는 데 거기 또 화사가 질펀하게 누워있거늘 소리도 못 지르고 살금살금 나오는데 나뭇가지 아래마다 화사, 화사, 또 화사, 어찌할까 이 봄날, 여류시인이 까무러쳐 넘어진 나무그늘 아래 복사꽃이 수북하게 떨어져 날리고 있다 봄날 고요만 쌓여가는데

곡우 穀雨

할미가 빌었단다
곡우에 비 내리게 하소서
그 비가 오늘 내린다
어느 하늘가를 떠돌다가
이제야 오냐고
할미가 춤을 춘다
보리 모가지 푸릇푸릇 여물들어
만석꾼 부럽지 않다
곡우에 빌면
손자 때라도 비 온다고
할미 무덤가 찔레순들이
하늘 보고 오라 한다

꽃말 만들기

꽃말을 만들어 낸다는 것은
원고지에 쏟은 파란 잉크처럼
마음에 쪽빛 바닷물이 번지는 일이다
아지랑이 속에서 여릿여릿 헤매는
꽃가루 기침을 앓는 일이다
꽃밭에서 피고지는 꽃 말고
꽃집에서 사람들 바라보는 꽃 말고
산길을 가다가 나무뿌리에 넘어졌을 때
아픈 무릎 아래서 나를 바라보는
아무 인연 없는 것이
웃는 얼굴로 나의 꽃말을 만들어내는
그런 꽃을 피우는 일이다

오월의 넝쿨장미

저 호기심 많은 눈 좀 봐
학교 울타리를 타고 세상을 기웃거린다
어젯밤에도 저희끼리 모의를 하더니만
저 겁 없는 짓 좀 봐
손잡고 끌어올려주고 밀어주고 그러다가
위로 올라갔다 아래로 내려갔다
눈부시게 바라보고 입 맞추고
저 볼썽사나운 짓 좀 봐
이제 지칠 때도 되었건만
쉬지 않고 하늘을 잡아당겨 품에 안는다
너희들은 문제 학생이 아니다
열 기운으로 여드름이 솟는
무모한 도전으로 가시가 돋는
오월의 넝쿨장미
붉음은 지천으로 피어
봄은 가도 운동장은 소란하다
땅에 사는 것이 하늘을 타고 오르는
저 무서움 모르는 웃음 좀 봐

작은 나무
- 손자 희수에게

네가 초등학교 졸업하는 날
학교 정원의 나무들이
너처럼 푸르러가는 것을 보고
할아버지는 나이를 먹어도 기뻤단다
내가 나이를 먹으면
너는 더 큰 나무로 자랄 테니까
작은 나무가 사랑스러운 것은
땅속으로 뿌리를 뻗어
나이테를 만들어갈 시간이 많아서란다
그 나이테 속에는
사랑하는 우리 가족의 얼굴도
네가 다닌 학교도 들어있단다
할아버지가 너를 생각할 때면
먼저 떠오르는 것이 웃는 얼굴이란다
웃으면 눈이 작아지는 우리 희수
작은 나무가 큰 나무로 자라는 것도
꽃이 지고 열매 맺는 것도
너의 웃음이 밝아서란다

넓고 큰 세상 속에는
너의 웃음도 함께 있단다

종이학

한밤 종이학을 접는 것은
모악에 내리는 눈이 궁금해서일까
어제 쓴 시가 보고싶어서일까
밖에 둔 풍란
얼까 걱정되어서일까
날지 못하는 종이학을 보며
또 접고 접는 것은
까만 밤이 아무리 멀어도
손녀 곁으로 날아가
꿈을 꾸고 싶어서일까
종이학 접는 법을 가르쳐준
손녀가 보고 싶은 밤
소복소복 눈이 쌓인다
눈 내리는 하늘 길을 열며
종이학이 날아간다

부록

⋮

자작시 해설

교도소 높은 담장 안으로 들어가
세 번째 철문을 지나면
시멘트 긴 복도의 액자에 담긴
그림과 글귀를 만난다
'낙타는 걸어온 길을 뒤돌아보지 않는다'
낙타는 발자국도 없이
사막의 모래언덕을 넘는다
나도 뒤돌아보지 않고
복도를 따라가면
교도관의 엄지손가락이 인식한
또 하나의 철문이 철그럭 열리고
거기, 나를 기다리는 낙타가 있다
푸른 수의를 입은 점잖은 낙타
나는 가시가 없는 선인장이 되어
다소곳이 그들에게 다가가 강의를 한다
무슨 시를 공부하랴
나는 발자국 없는 낙타이야기를 하다가
사막에서 길을 잃는다
수업이 끝나면
나는 정문으로 나가 집으로 가고
낙타는 민들레 씨가 되어
교도소 담장을 넘어
먼 오아시스로 날아간다
긴 복도의 액자 안에는 아직도

걸어온 길을 뒤돌아보지 않는
사막의 낙타가 있다

　　　　　　　　─「낙타」 전문

　시적 화자가 겪은 객관적 경험을 주관적 상상을 통하여 서사적으로 전개시켜 나간 것이 특징이다. 내용상 첫 연(1행~7행)은 시의 발상 단계로 기 부분에 해당된다. 시적 화자가 수인들의 독서지도를 위하여 교도소 높은 담장 안으로 들어가 세 개의 철문을 지날 때, 긴 복도 벽에 붙어있는 액자와 만나게 된다. 액자에는 끝없는 사구의 그림과 '낙타는 걸어온 길을 뒤돌아보지 않는다' 라는 문구가 들어있다. 글씨가 그림과 어울리지 않게 굵은 견고딕체로 쓰인 것은 낙타의 굳은 의지를 나타낸 것 같다. 그 복도는 많은 수인들이 드나드는 통로이기 때문에 액자의 내용이 무엇을 상징하는지 모르는 사람이 없겠지만, 시적 화자에게는 커다란 충격으로 다가온다. 시적 화자는 수인들에게 독서지도를 하며 시를 공부하는 선생님이기 때문이다. 그래서 액자가 보여주는 의미에 또 하나의 상징을 나타내는 "낙타는 발자국도 없이"라는 문구를 추가했다. 발자국을 남기지 않고 묵묵히 앞만 보며 사구를 넘는 낙타는 과거의 흔적을 고행으로 지워가며 미래로 걸어가는 수인들의 모습이다.

2연(8행~13행)에서는 다른 시상으로 이어지는 승에 해당된다. 또 하나의 철문이 열리고 "거기 나를 기다리는 낙타"와 대면하는 곳은 긴장의 공간이다. 그런데 왜 "점잖은 낙타"라 했을까? 시적 화자에게서 시를 공부하는 수인들은 형량이 많은 수인들이다. 그들에게서는 조급함과 경망스러움을 볼 수 없다. 인내하며 자제하는 모습을 발견할 수 있다. 점잖은 낙타의 이미지가 말없이 사막을 가는 낙타와 연결되어 있다.

3연(14행~18행)에서는 시점이 시적 화자에게로 돌아오는 승 부분이다. 화자를 '선인장'으로 비유한 것은 낙타의 고향이 사막이고 선인장의 고향도 사막이라는 동류의식 때문이다. 가시가 없는 선인장은 가까이 다가갈 수 있는 친밀감의 이미지를 형상화하기 위해서다. 그런데 막상 그들 앞에 서면 '나'라는 사람의 인격이 무엇인지 회의가 앞선다. 그리고 강의할 때마다 조심해야 할 말들이 많다. 불행, 죄, 과거, 응징, 행복… 등 아슬아슬한 말들을 피해가다 보면 언어의 질서는 흩어지고 길을 잃게 된다. 낙타가 사막에서 길을 잃으면 안 된다고 해놓고 시적 화자가 먼저 길을 잃어버리게 되었다. 수인들은 조용히 듣는데 횡설수설하게 된 꼴이다.

4연(19행~23행)은 전에 해당된다. 이 시의 정점에 이른 부분이다. 수업이 끝나면 나는 안내하는 교도관과 다시 그 복도를 지나 정문을 나와 집으로 온다. 내가 왜 굳이 '정문'이란

말을 썼을까? 정문은 '인간의 도시'로 나가는 문이다. '인간의 도시'는 선과 악이 공존하는 세계이기 때문에 자칫 죄를 태어나게 하는 위험한 현실로 들어간다는 역설도 될 것이다. 강의하러 갈 때마다 정문은 나를 돌아보게 하는 문이 되었다.

또한 강의실에는 영어囚圖의 몸인 그들이 남아있다. 그들은 민들레 씨처럼 날개를 달아야 오아시스로 갈 수 있다. '민들레 씨'와 '오아시스'는 사막을 걸어가는 낙타가 끊임없이 추구하는 마음의 고향이다. 그들의 푸른 하늘은 늘 담장 밖에 있고 그곳에 오아시스가 있다. 그리고 오아시스는 민들레 씨가 싹을 틔우고 뿌리를 내릴 수 있는 이상향이다. 이것은 순전히 시적 화자가 만든 상상의 산물이지만, 시가 경험[사실]에서 출발하여 상상[허구]을 거쳐 진실[창작]에 도달한다는 평범한 원리를 가져온 것이다.

5연(24~끝)은 결이다. 나는 이 시의 발상을 액자 안의 글에서 얻었다. 교도소라는 공간이 아니었더라면 이 글귀는 나에게 어떤 감동을 주지 못했을 것이다. 4년 동안 이곳에 강의를 나오면서 나는 한 편의 시도 건지지 못하다가 이 글귀를 본 뒤 이 시를 썼다. 이곳에는 걸어온 길을 뒤돌아보지 않는 사막의 낙타가 살고 있기 때문이다. 주제가 여기에 담겨 있다.

네 어미가 뭍으로 기어 올라와
선인장이 된 뒤
바다는 너를 잊었다
한번도 가 본 적이 없는 바다
그래도 바다가 키워낸
마디마디 발톱엔 가시가 돋쳤다
바닷물이 네 발에 닿으면
까무러지듯 숨이 끊긴다는 것을
아는 까닭에
바다가 그리우면
모래톱을 헤집던 발톱마다
꽃을 피운다
갈 수 없는 마음의 바다
뭍의 꽃
사랑하는 집 창가에서
붉게붉게 꽃을 피우며
홀연히 떠오르는 아침 햇살에
눈부시어 눈을 감는다
　　　　　　　　　—「게발선인장」전문

　시에 있어서 유추는 두 사물 사이의 상관관계의 길을 열어 주는 물꼬와 같다. 이 물꼬의 흐름이 넘칠 듯 넘치지 않으며, 보일 듯 보이지 않아야 시의 생명은 가치 있는 것으로 살아난다. 넘치면 너무 깊어 의미를 헤아리기가 어렵고, 보이면 너무 맑아 오묘하고 그윽한 맛이 사라지기 때문이다.

게발선인장이라는 이름은 선인장의 생김새가 게의 발과 같이 마디가 있다는 단순한 발상에서 붙여진 이름이다. 그러나 시적 화자는 그 단순하고 평범한 발상에서 한 단계 높은 유추관계를 발견하여 새로운 상관관계를 맺어놓는다. 바다에 사는 갑각류 절지동물인 게가 육지로 기어올라와 게발선인장이 되었다는 것이다. 그것도 바다와 거리가 먼 뜨거운 모래가 깔린 열대지방의 식물이 되었다는 데서 원초적 그리움에 깊이를 더한 것이다. '바다와 열대'라는 간극이 크면 클수록 원초적 생명에의 그리움은 크고도 절실한 상황으로 변하여 감동에 깊이를 더하기 때문이다. 그리고 선인장의 꽃들이 피어난 모습을 게발톱에 피어난 붉은 꽃으로 형상화하여 "바다가 그리우면/ 모래톱을 헤집던 발톱마다/ 꽃을 피운다" 로 표현함으로써 결코 도달할 수 없는 해원을 향한 간절한 향수로 승화시키고 있다.

시에서의 귀착점이 결국은 인간 탐구의 과정에서 세계에 대한 변용이라 할 때 이 시에서의 내용상 마지막 연 "사랑하는 집 창가에서/ 붉게붉게 꽃을 피우며"는 게발선인장과 인간의 살아가는 모습이 자연스런 사랑의 관계로 사무치게 형상화 되어 있어 이의 전범이라고 할 수 있다. 그러면서도 "떠오르는 아침 햇살에/ 눈부시어 눈을 감는다"는 너무도 오랜 옛날 뭍의 꽃이 되어 이제는 조상과 바다를 잊어버리고 태양과도 익숙한 식물이 되었음에도 그의 마음의 바다에는 원초적 생명에의 그리움이 간절하게 남아 있음을 감각적으로 나타내고 있다. 이렇듯 인간의 웅숭깊은 곳에는 지우려 해도 도저히 지울 수 없는 게발선인장의 붉은 꽃 같은 본연의 그리움이 있어 잠 못 들고 시를 쓰기도 한다.

봄비는 우산도 받지 않고 내린다
자기가 무엇인지도 모르고
하늘에서 자꾸 내려오다가
땅에 떨어져 싹을 틔우고
강물이 되는 것을 보고
자기가 봄비라는 것을 안다

소리가 날까 봐
맨발로 장독대를 씻다가
마늘밭 알뿌리를 깨우다가
들녘으로 가서 보리밭을 적신다
그리고 사람 곁으로 다가와
숨소리를 듣는다
아무것도 모르고 내려올 때
비로소 향기로운 생명이 되어

가난한 노파의 눈물샘에서
이름 모를 풀꽃이 피어나게 한다
　　　　　　　　　―「봄비」 전문

　봄비라는 자연현상을 아름다운 인간생활로 상징하여 표현하고 있다. 시적 화자는 인간을 이롭게 하는 행위가 과연 무엇인가를 봄비를 통해서 나타내고 있다. 봄비는 겨울에서 봄으로 길을 열어주는 촉매제이다. 봄비가 와야 산꼭대기에 쌓여있는 눈도 녹고 동면하는 미물들도 깨어나고 온갖 식물들도 싹을 틔운다. 그렇다고 해서 봄비는 자랑이라도 하듯 소란스럽게 내리지 않는다. 아니 자기의 존재조차 인식하지 못하고 그저 땅 위에 떨어져서 싹을 틔우고 강물의 흐름이 되는 것을 보고서야 자기가 봄비라는 것을 안다. 자기 일에 대한 의도성이 없이 그저 순수 그 자체로서의 무작위적 행위가 진정 아름다운 일임을 깨우쳐주고 있다. 행여 누가 보고 들을까 봐 우산을 받지 않고 조용조용 맨몸으로 내리는 비야말로 순수한 인간과 가까워지기 위한 봄비의 친화적 행위라고 할 수 있다.
　첫 행의 "봄비는 우산도 받지 않고 내린다."는 이 시 전체의 시상을 지배하고 주제를 형상화한 구절이라고 할 수 있다. 이 첫 행은 2연과 3연으로 이어져 시상과 주제의 통일성을 일관되게 이끌어내고 있다. 우산도 받지 않고 내려오기 때문에 '장독대를 씻고, 마늘밭 알뿌리를 깨우고, 보리밭을 적시는' 인간을 이롭게 하는 행위가 자연스럽게 이루어진다. 그리고 한 차원 높은 단계로 승화되어 "가난한 노파의 눈물샘에서 / 이름 모를 풀꽃이 피어나게 한다"라고 하여 주제의 핵을 만들어내고 있다. 한 치의 군더더기도 허용하지 않고 주제를 향하여 강물처럼 흘러가게 하는 구실을 하고 있다.

 이 짧은 시에서는 '모른다' 라는 시어가 세 번이나 나온다. 이는 분명 시인의 의도일 것이다. 단순한 '不知'의 뜻이 아니라는 내포의 의미를 상징적으로 보여주고 있다. 김밥장수 할머니가 평생 모은 재산을 불우이웃을 돕는 단체에 기증하고 굳이 이름을 밝히지 않은 기사를 본 적이 있다. 이름 알리기에 급급한 요즈음 자기의 적선과 공로를 감추는 일이야말로 자기가 무엇인지도 모르고 내려와서 만물을 적시는 봄비와 무엇이 다르랴.

  이 추운 밤
  누가 내 창문을 엿보고 있을까
  늙은 항아리에 달빛은
  겹겹이 쌓여 가는데
  뜨거운 불에 구워낸

백자같이 차디찬 살결
창호지에 일렁이는 그림자
발자국마다
꽃잎 벙그는 소리
나를 잠 못 들게 할까
문 열지 않으리
그냥 달빛 아래 서 있게 하리
시려오는 이부자리
가난한 시로 덥히고
이 밤 새우리

—「매화」 전문

    표현하고자 한 대상을 안으로 끌어들여 시적 화자의 마음을 형상화한 시이다. 사물을 보는 눈을 현상에서 찾은 것이 아니라 관념의 상태에서 시각과 촉각과 청각적 이미지를 끌어들여 매화의 속성을 나타내었다. 매화를 사군자의 필두로 꼽는 것은 봄이 오기 전 추운 계절에 피기 때문이다. 대부분의 꽃들은 따뜻한 계절을 택해서 핀다. 그러나 매화는 이러한 속성을 거스르고 다른 꽃들이 싫어하는 추운 계절에 피기 때문에 더욱 사랑을 받는다. 그래서 사람들은 매화를 찾아 길을 나서고, 매화 곁에서 꽃향기에만 취하는 것이 아니라 올곧게 살아가고자 하는 마음을 새롭게 다지기도 하는 것이다.

이 시에서의 특징은 우리의 일반적 관행을 깨뜨렸다는 점이다. 사람들이 꽃을 찾으러 가지, 꽃이 사람을 찾아오지 않는 것이 그 예이다. 그러나 이 시에서는 시적 화자가 매화를 찾으러 간 것이 아니라, 추운 밤 매화가 시적 화자의 방문에 찾아와 엿보고 있는 것이다. 여기에서 매화와 시적 화자와의 보이지 않는 사랑의 교감이 이루어진 것이다. 그럼에도 불구하고 시적 화자는 오히려 문을 열어주지 않고, 발자국마다 꽃잎 벙그는 소리에 잠 못 들고 있는 것이다. 여기에 역설과 반어의 반전 묘미가 숨어 있다. 추운 밤 그냥 달빛 아래 서 있게 하여 매화가 지닌 빙자옥질의 속성을 간직하게 해주고 싶은 것이 시인의 마음이다. 그리하여 시려오는 이부자리를 걸치고 엎디어서 밤 깊는 줄 모르고 시인도 매화를 닮으려고 시를 쓰고 있는 것이다.

  은행나무 한 그루 물들고
  늑대가 한 번 울고

  이 산 저 산 늑대가 울고
  골짜기마다 은행나무 물들었다

  그리고
  둥근 달이 떴다
         ―「보고 싶어서」 전문

시의 생명이 압축과 상징에 있다고 한다면 「보고 싶어서」는 이러한 예의 하나로 들 수 있다. 이 시는 전문이 3연 6행으로 된 짧은 시이다. 이 짧은 시 속에 시인은 자연과 인간의 합일된 세계를 그려 넣으려고 무척이나 애를 썼음을 알 수 있다. 이 말은 언어의 조탁과 절제된 표현이 눈에 거슬리지 않으면서도 의미 전달이 자연스럽게 이루어졌다는 것이다. 이 시를 읽어보면 자연의 질서 속에 하나의 구성원으로 달을 바라보고 서 있는 자아를 발견하게 된다.
　이 시에서의 제재는 '은행나무, 늑대, 달'이다. 이 제재들의 속성이나 모습에는 어느 것 하나 닮은 것이라고는 없다. 그러나 시인은 이들이 대자연 속에서 공존해간다는 당연한 사실에서 공통점을 찾고 있다. 이 세상에 제 홀로 된 것이라고는 아무것도 없다. 척박한 땅에 구르는 돌멩이 하나, 길가의 풀 한 포기, 풀잎에 맺힌 이슬방울도 우주의 질서 속에서 살아간다. 범우주론이나 인연설을 들지 않더라도 세상의 모든 것들은 보이던 보이지 않던 서로와의 관련 속에서 생성되고 소멸되는 것이다.
　시인의 착안점이 여기에 있다. "은행나무 한 그루 물들고 / 늑대가 한 번 울고"에서의 은행나무나 늑대는 인고의 과정을 거친 성숙된 모든 자연물들을 의미한다. 이들의 공통점은 '그리움'이라는 상관관계로 맺어져있는 점이다. 세상의 모든 자연물이 생성하는 것은 그리움이 있기 때문이다.

2연의 "이 산 저 산 늑대가 울고/ 골짜기마다 은행나무 물들었다."에서는 압축적이고 함축적인 절제된 표현을 위하여 점층법과 반복법으로 시상의 깊이를 한층 더하고 있다. 다른 시어들의 동원이 필요하지 않음을 알 수 있다. 극도로 언어를 절약하여 환상의 공간을 넓혔다. 그리움의 모습이 짧은 형식 속에서도 시각(노란 은행잎, 둥근 달), 청각(늑대의 울음)을 통하여 두 가지의 감각적 이미지로 형상화되고 있는 것이다.

'그리고 / 둥근 달이 떴다'는 이시의 절정이자 대단원인 셈이다. 이 세상에 제 홀로된 것이라고는 없다고 하였다. 그리고 우주의 질서 속에서 상관관계를 갖고 살아간다고 하였다. 그래서 그리움에 대한 화답으로 둥근달이 떠오른 것이다. 둥근달은 우리 마음에 자리한 그리움이기도 하고, 보고 싶은 대상의 모습이기도 하다.

까딱하면 죽어 없어지는 목숨을
이슬이라고 한 시인은 다시 써야 한다
동트는 가을 들녘에 나가 보아라
콩꼬투리 하나라도 풀씨 하나라도
어디 이슬 내리지 않은 곳이 있더냐
들녘 저편으로 한참을 걷고 나면
내 몸은 젖어
사색하는 풀잎이 되나니
죽어 넘어지는 가을풀을 슬퍼하지 않는다

스며들어 이슬은 제 목숨을 버리고
마른 눈물로 생명을 키우나니
영그는 가을 들녘 어디에
이슬 내리지 않는 곳이 있더냐
해를 먹고 스러지는 이슬은
해의 뜨거움을 사랑할 줄 안다
동트는 가을 들녘을 걷는 일은
나보다 빨리 죽어 넘어지는
반짝이는 이슬에 젖기 위해서다
—「이슬」전문

이 시를 다 읽고 나면 발상의 전환이 시의 의미를 얼마나 깊게 하는가를 알 수 있다. 발상의 전환은 '일상적인 생각 뛰어넘기'에서부터 시작된다. 이슬의 관념은 '약함', '단명', '허망' 등으로 쉽게 치부되지만, 시인은 이와는 다른, 생명을 키워내는 '위대한 존재'로 다시 태어나게 하였다. 그것도 세상에 골고루 은전을 내리는 포용을 내포하고 있어 의미가 확충되었다. 또한 이슬의 요절해버리는 속성에서 그의 상징적 가치가 상승되었다. 여기에 등장하는 것이 시적 화자의 삶이다. 이슬을 닮으려는 강렬한 의지를 보이기 위하여 "해를 먹고 스러지는 이슬은/ 해의 뜨거움을 사랑할 줄 안다"로 표현하였다. 이는 '낯설게 하기'의 한 방법이 될 수 있다. 여기에는 역설과 반어가 공존한다. 해는 만물을 키워내는, 누구도 도전할 수 없는 절대적인 존재다. 반짝 해 한 번 뜨면 이슬은 자취도 없이 사라진다. 그런데 시인은 "해를 먹고 스러지는 이슬"이라고 표현함으로써 상상을 초월한 자기 의지를 시도하고 있다.

또한 '해의 뜨거움을 사랑할 줄 안다'는 이슬이 어쩌면 해보다 위대한 존재일지도 모른다는 음모가 숨어있다. 이러한 이슬을 노래한 것은 이슬처럼 유한한 인간의 삶의 방향을 암시한 것이다. 이슬이 주는 이미지에 맞게 순수한 우리말을 사용함으로써 주제의 실체가 눈에 보이듯 순수하게 드러나 있다.

이 봄날
누가 내 몸에서 열꽃을 뜯어내는가

생살을 꼬집힌 듯 열꽃 따낸 자리마다
상흔이 선연하다
봄볕이 내려앉아 진물이 흐르는 곳을
감싸고 있다

아낙들의 웃음소리
웃음소리 아래에 떨어진 복사꽃이 낭자하다
붉은 주검을 밟고
또 복사꽃을 따낸다

나는 열꽃을 빼앗기지 않으려고 몸을 비틀지만
아낙의 손톱은 무자비하다
꿈이길 바랐지만
열꽃은 땅에 떨어져 잔인하게 시든다
어느 봄날의 사랑처럼

봄날의 과수원에는
솎아낸 복사꽃이 죽어가는데
아낙들의 웃음소리가 비닐조각처럼 나부끼는데

열꽃의 흔적이 모두 사라진 지금
내 몸에는
흔하디흔한 꽃무덤 하나 오롯이 돋아났다
　　　　　　　　　　　　　　―「꽃무덤」 전문

　이 시는 표면적으로 상상적 정서를 질서 없이 늘어놓은 것 같지만, 엄연한 시적 질서를 의식하며 쓴 시다. 1연, 2연, 3연은 현재로, 객관적 상관물에 대한 감각적 이미지를 통하여 복사꽃이 핀 과수원의 잔인함을 형상화하였다. 4연은 과거로, 사랑하는 사람의 죽음을 인정하지 않으려는 처절한 몸부림과 끝내는 인정할 수밖에 없는 운명의 잔인함을 상징적으로 표현하였다. 5연, 6연은 현재로, 봄날 과수원에서 슬픔으로 남은 사랑하는 사람의 죽음에 대한 성숙한 깨달음을 나타내고 있다.

어느 봄날 시적 화자는 과수원 길을 가다가 아낙들의 웃음소리를 듣는다. 아낙들은 복숭아 열매를 크게 자라게 하기 위하여 복사꽃을 솎아주는 인부들이다. 그들은 꽃을 솎는 단순노동의 힘듦을 잊기 위하여 가벼운 농담으로 웃음소리를 지어내지만, 그들 손에서 떨어져 나간 꽃들은 땅바닥에서 두려운 죽음을 맞는다. 그들은 떨어진 꽃을 밟고 또 꽃을 딴다. 떨어진 꽃은 가지에 남아있는 꽃보다 훨씬 많다. 그러나 떨어진 꽃들은 태어나서 열매를 맺기 위하여 수정을 기다리는 꽃들이다. 그 처절하게 드러누워 생죽음을 맞이하는 꽃을 보며 화자는 운명을 생각한다. 그리고 과거로 돌아간다.

젊은 날 그의 몸에 사랑의 열꽃이 피었다. 그때가 복사꽃이 흐드러지게 피는 봄날이었을 것이다. 화자는 자기 몸에 돋아난 열꽃을 복사꽃으로 환치시킨다. 그리고 그 복사꽃을 사정없이 솎아내는 아낙들을 운명의 판관으로 받아들인다. 또 하나는 화자가 젊은 날 그 복사꽃 핀 과수원에서 사랑하는 사람을 만났을지도 모른다는 가정이다. 그러나 그 사람은 너무도 쉽게 운명처럼 죽었고 화자는 이를 긍정하려 들지 않는다. 사랑하는 사람의 죽음을 막으려고 온갖 정성과 희생을 바쳤지만 죽음은 현실이었다. 이러한 체험을 시적정서로 승화시키기 위하여 사랑하는 이의 죽음을 아낙들에 의하여 무참히 뜯겨간 복사꽃으로 표현했을 것이다. 이처럼 또 하나의 경험을 가정해서 이 시를 감상한다 해도 무리가 없을 것이다.

  이 시의 마지막 연은 "열꽃의 흔적이 모두 사라진 지금 / 내 몸에는/ 흔하디흔한 꽃무덤 하나 오롯이 돋아났다"로 끝을 맺다. 이는 과거에서 다시 현재로 돌아온 자신의 성숙한 모습을 보이고 있는 구절이다. 사랑의 슬픔이 가고 난 뒤 젊은 날의 사랑을 "흔하디흔한 꽃무덤"이라고 평범함을 가장했지만, "오롯이 돋아났다"에서 "오롯이"는 평범하지 않다는, 화자만이 지닐 수 있는 진실한 아픔을 역설적으로 표현했기 때문에 성숙함은 더욱 돋보이는 것이다.

    창포꽃 속에서 여인이 걸어나온다
    바가지물을 하늘만큼 길어 머리에 붓는다
    연못 속 하늘이 작아졌다
    창포꽃이 폭포처럼 쏟아진다
    하늘이 동그라미를 그린다
    동그라미 안의 여인은 둥글다
    이마 가슴 어깨
    보이지 않는 곳도 둥글다
    한아름 안아보고 싶은 꽃
    오월이 가면 여인은
    단오의 풍속도 속으로 들어간다
                       ―「단오」 전문

단오는 설, 추석과 더불어 우리나라 3대 명절로 꼽힌다. 단오에는 여러 가지 세시풍속이 있는데, 이 시에서는 여인들이 창포가 있는 연못에서 머리를 감는 관능적 모습을 가장 큰 제재로 삼았다. 상반신을 드러내고 머리를 감는 여인들을 몰래 훔쳐보는 혜원의 그림처럼 시적 화자는 연못에서 머리를 감는 여인을 시적 정서를 통하여 낭만적으로 그려내고 있다. 시적 화자가 그려낸 여인은 오래도록 그의 머리에서 시의 샘물을 마르지 않게 길어주는 시의 여신이다.

전주의 덕진연못에는 많은 창포가 자라 단오 무렵에 꽃을 피운다. 전주의 세시풍속을 보면 단오에 많은 여인들이 원근에서 몰려와 이곳에서 머리를 감았다는 기록이 있다. 지금도 단오에는 덕진연못에서 할머니들이 저고리를 벗고 머리를 감는 진풍경을 볼 수 있다. 이러한 이미지들이 시의 정서로 어우러져 '단오'라는 시가 이루어졌다.

이 시에서 주조를 이루는 정서는 '둥글다'는 이미지다. '연못, 하늘, 바가지물, 파문'이 자연과 조화를 이루는 둥근 선의 이미지로, '이마, 가슴, 어깨'가 머리 감는 여인의 둥근 선의 이미지로 나타났다. 이 시의 주인공은 창포꽃 여인이다. 이 여인이 가시적인 선의 이미지로 형상화되었지만, "보이지 않는 곳도 둥글다"는 비가시적인 이미지가 있어 상상의 깊이를 더해 준다. 그것은 보이는 것보다 더 가슴 두근거리게 하는 숨김의 아름다움일 것이다. 이 시는 1연 11행의 비교적 짧은 시지만, 여덟 개 문장을 서술형종결형으로 맺음으로써 집중된 시상을 독자에게 전달하는 효과를 나타내고 있다. 또 첫 행과 마지막 행을 수미상관법으로 대조시킴으로써 '창포꽃 여인의 등장과 사라짐'이 단오의 '시작과 끝'을 한 폭의 그림으로 그려내듯 형상화하였다.

> 하늘을 향하여 치솟다
> 너는 곤두박질쳐 제자리로 온다
> 네 머리의 끄트머리에서
> 끝내 부서져 내리는 환호를 위하여
> 너는 다시 하늘을 오른다
> 날개를 갖고 태어나는 물의 비상이
> 가늠할 수 없는 물의 야망이
> 신의 노여움을 산다 해도
> 폭포는 알 수 없는 그 길을
> 너는 오른다
> 시지프스의 바윗돌이 굴러 떨어져도
> 물의 의미를 거부하며
> 네 삶의 전체에서 찬란하게 부서진다
> ―「분수噴水」 전문

생명이 있는 것들은 모두 물에서 태어났다. 물은 삶의 근원을 이루는 선한 것이다.

  이 시의 모티브는 성현들이 추구하는 이러한 물의 속성을 부정하는 데서부터 시작된다. 이러한 이율배반의 모순은 상승과 하강의 구조로 이루어져 더욱 선명하게 드러난다. 인공에 의하여 하늘로 치솟는 분수는 물이 지닌 지선至善에 대한 도전이며 부정이다. 그러나 끝내 추락하는, 그러다가 다시 하늘로 비상하는 인공의 역리를 보며 시적 화자는 거부할 수 없는 욕망에 도달하려는 인간의 슬픈 모습을 그려낸다. 분수는 감정이입에 의하여 의인화된 인간의 모습이다. 인간에게는 신도 예측하지 못하는 야망이 있다. 이 보이지 않은 야망이 불가능에 도전하다 좌절하는 인간의 모습으로 나타난다. 그러기에 추락의 처절함을 '환호'와 '찬란'으로 표현함으로써 역설에 함축된 비장미를 느끼게 한다.

  신이 경계의 대상으로 삼는 동물은 인간이다. 인간은 신을 거역하고자 하는 운명을 지닌 슬픈 존재로 태어난다. 그래서 시시포스처럼 떨어지는 바윗돌을 산꼭대기로 밀어 올려야 하는 형벌을 지니고 살아야 한다. 그러한 인간이 순간의 환호를 위하여 분수를 만들어낸 것은 시시포스에게 주어진 운명보다 더 큰 형벌을 지어낸 것이다.

정군수 시집
초록배추애벌레

인쇄 2016년 9월 6일
발행 2016년 9월 10일

지은이 정군수
발행인 서정환
펴낸곳 인간과문학사
주소 서울특별시 종로구 삼일대로32길36
　　　301호(익선동, 운현신화타워빌딩)
전화 02)3675-3885, 063)275-4000
등 록 제300-2013-10호
이메일 human3885@naver.com
　　　inmun2013@hanmail.net
인쇄·제본 신아출판사

저작권자 ⓒ 2016. 정군수
이 책의 저작권은 저자에게 있습니다. 서면에 의한 저자의 허락없이 내용의 일부를 인용하거나 발췌하는 것을 금합니다.
COPYRIGHT ⓒ 2016. by Jung Gunsu
All right reserved including the rights of reproduction in whole or un part un any form.
저자와 협의, 인지는 생략합니다.
잘못된 책은 바꿔 드립니다.

ISBN 979-11-85512-91-4　03810
값 10,000원

> 이 도서의 국립중앙도서관 출판시도서목록(CIP)은 서지정보유통지원시스템 홈페이지 (http://seoji.nl.go.kr)와 국가자료공동목록시스템(http://www.nl.go.kr/kolisnet)에서 이용하실 수 있습니다.(CIP제어번호: CIP2016022038)

Printed in KOREA
　※ 이 책은 전라북도 문예진흥기금 일부를 지원 받았습니다.